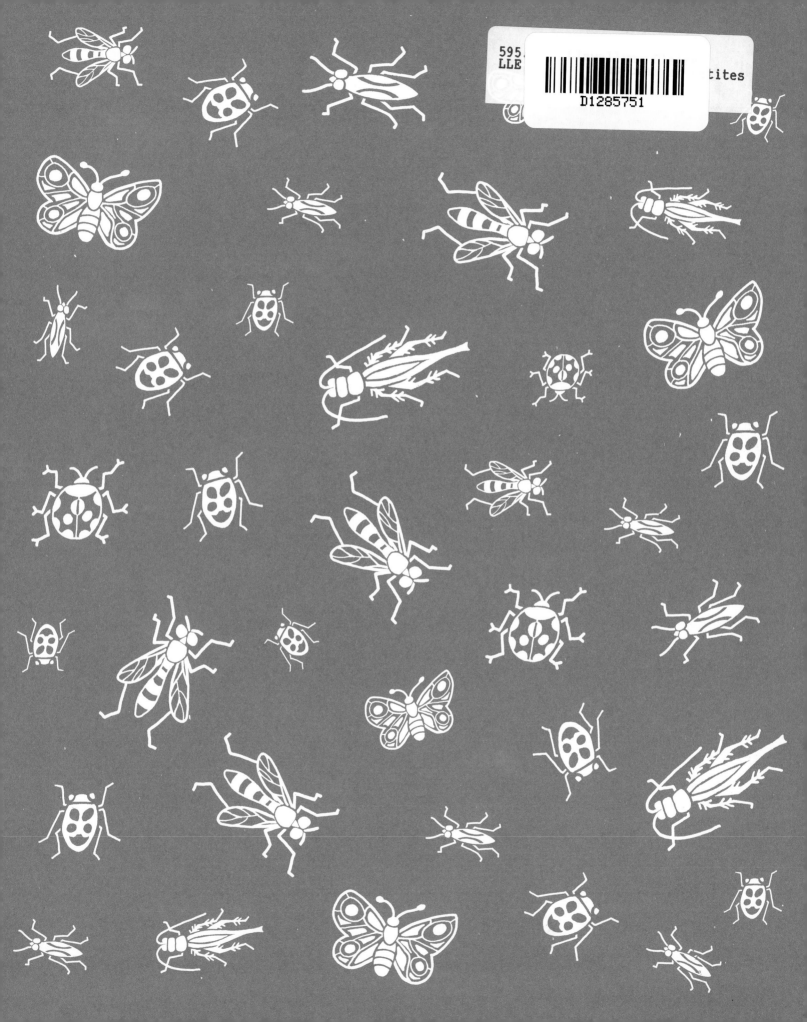

Mon Petit Monde

Insectes et Petites Bêtes

Claire Llewellyn

NATHAN

Sommaire

© Larousse plc, Londres 1998
Première édition : Kingfisher, une marque de Larousse plc

Pour l'édition française :
© Éditons Nathan
Paris, France, 1998

ISBN : 2-09-243000-9
N° d'éditeur : 10070246

Texte : Claire Llewellyn
Illustrations : Chris Forsey,
Andrea Ricciardi di Gaudesi, David Wright
Traduction : Agnès Piganiol
Mise en page : Atelier Nicole Valentin
Couverture : Chantal Fredet
Conseiller scientifique : Dominique Pluot-Sigwalt

Imprimé à Hong-Kong

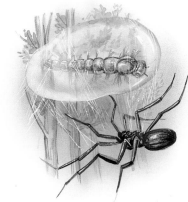

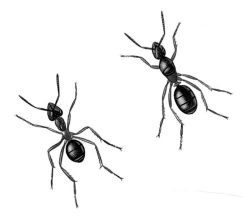

Un petit monde

Imagine la vie des êtres vraiment minuscules. Il en existe des millions pas plus gros que ton ongle. Pour eux, l'herbe est une véritable forêt, et les fleurs sont hautes comme des arbres.

Cela peut paraître effrayant, mais il y a certains avantages à être petit. Les petites bêtes peuvent se cacher n'importe où : sous une feuille, dans une noix, ou dans les poils d'un animal. Ainsi, elles n'ont rien à craindre des oiseaux, grenouilles ou autres prédateurs au regard perçant.

Leurs cachettes

Nous sommes entourés de petites bêtes. Si tu veux en voir, regarde sous une pierre, au fond d'un pot de fleurs, ou dans la fente d'un mur : c'est là qu'elles aiment se cacher.

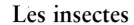

Une grande famille

Mouches

Il existe des millions de petites bêtes différentes à travers le monde. Les espèces sont si nombreuses que les savants les ont divisées en groupes. Chaque groupe comprend des animaux ayant les mêmes caractères.

Les insectes

Toutes les créatures représentées sur cette page sont des insectes : le papillon, les fourmis, l'abeille, les mouches, les coléoptères et les punaises. Les insectes sont plus nombreux que n'importe quelle autre catégorie animale.

Ce livre est consacré aux insectes et aux araignées. Comme la plupart des petites bêtes, les insectes et les araignées ont une carapace, appelée exosquelette, qui joue le rôle d'une armure et protège les organes vulnérables à l'intérieur de leur corps.

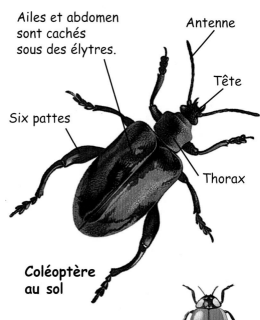

Ailes et abdomen sont cachés sous des élytres.

Antenne

Tête

Six pattes

Thorax

Coléoptère au sol

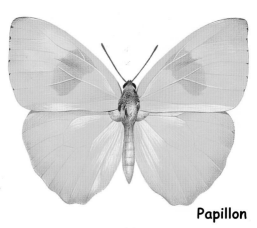

Papillon

Punaises

Les punaises sont des insectes particuliers avec des pièces buccales en forme de rostre.

Coléoptère en vol

Élytre

Abdomen

Aile

Abeille

La coccinelle est un coléoptère.

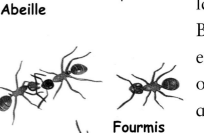
Fourmis

Ils sont souvent très différents les uns des autres, mais tous ont trois paires de pattes et un corps en trois parties : la tête, le thorax et l'abdomen. Beaucoup ont aussi des ailes et la plupart ont de longs organes sensoriels appelés antennes.

6

Araignée

Mille-pattes

Centipède

Les araignées

Le corps de l'araignée
est fait de deux parties :
tête et thorax à l'avant,
abdomen à l'arrière.
Elle possède quatre paires
de pattes, une de plus
que les insectes.

Abdomen

Huit pattes

Tête
et thorax
joints

Araignée

Palpes
pour toucher
et goûter

Acariens

Scorpions, acariens
et tiques sont de proches
parents des araignées
et possèdent, comme elles,
quatre paires de pattes.
Les scorpions ont
le corps divisé en deux parties,
mais pas les acariens
ni les tiques.

Scorpion

**Acariens
rouges**

Autres petites bêtes

Tu découvriras, dans ce livre,
d'autres petites bêtes qui vivent
dans le même genre d'endroits
que les araignées et les insectes.

Les centipèdes et les mille-pattes
ont un long corps constitué de
segments. Les centipèdes ont
une paire de pattes sur chaque
segment, les mille-pattes
en ont deux.

Escargot

Les escargots et les limaces
n'ont pas de pattes. Ils
se déplacent en rampant
sur leur ventre mou.
Les escargots ont une
coquille, pas les limaces.

**Ver
de terre**

Les vers de terre
ont un corps long et
mou, couvert de poils
minuscules. Ils n'ont
ni squelette, ni coquille
protectrice, et vivent
dans des sols meubles
et humides.

Araignées fileuses

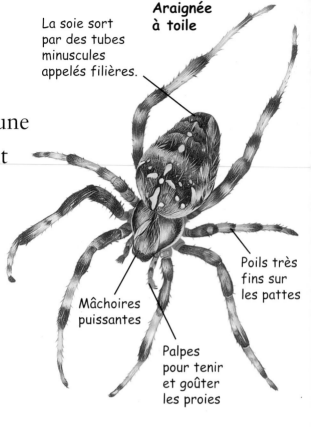

Araignée à toile

La soie sort par des tubes minuscules appelés filières.

Poils très fins sur les pattes

Mâchoires puissantes

Palpes pour tenir et goûter les proies

Les araignées sont des êtres extraordinaires. Elles produisent une soie plus solide que l'acier et tissent de belles toiles plus fines que de la dentelle. Comme beaucoup d'araignées ont la vue basse, ces toiles jouent un rôle important, les aidant à capturer leur nourriture. Quand un insecte se prend dans ses fils, l'araignée le sent immédiatement grâce aux poils de ses pattes et se précipite sur sa victime.

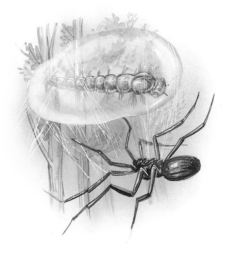

Araignée à toile en réseaux

Elle tisse une toile plate, surmontée de fils entrecroisés. Les insectes heurtent ces fils et tombent dans la toile.

Araignée à toile géométrique

Suspendue la tête en bas, elle tient sa toile par les pattes de devant et la lance sur sa proie.

Argyronète

L'argyronète vit sous l'eau, dans une toile en forme de cloche, à l'affût des petites bêtes qui passent à proximité.

Dès qu'elle voit
un insecte se débattre
dans sa toile, l'araignée
lui injecte un poison
et le ficelle solidement.
Le poison tue l'insecte,
le réduit en une sorte
de bouillie, et l'araignée
n'a plus qu'à l'aspirer
comme un liquide.

Tissage d'une toile

De nombreuses araignées
construisent une nouvelle
toile tous les jours.

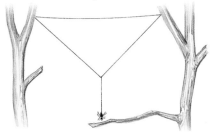

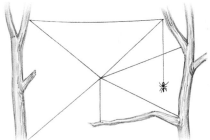

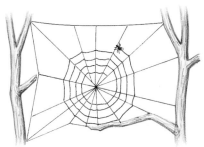

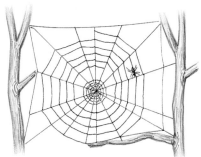

L'épeire tisse une toile
en forme de roue. Cela lui
prend environ une heure.

Araignées chasseuses

Les araignées chasseuses n'utilisent pas de toile pour attraper leur proie. Elles la poursuivent, la prennent en embuscade ou s'abattent sur elle. Elles ont des yeux perçants pour la repérer, et des pattes puissantes pour la saisir. Leurs mâchoires sont faites pour mordre. Certaines s'en servent pour creuser des terriers où elles se cachent et font le guet.

Araignée vagabonde

La vagabonde n'a pas de maison. Elle se déplace sans cesse, à l'affût de quelque bonne blatte ou chenille.

Mâchoires armées
de redoutables
crochets

Pattes
courtes et
puissantes

**Araignée
chasseuse**

Palpes pour
tenir et goûter
les proies

Couvercle
monté sur pivot

Tunnel de secours

Le jour,
l'araignée
se repose.

Restes
de repas

**Terrier d'une
araignée fouisseuse**

Araignée fouisseuse

L'araignée fouisseuse creuse un terrier dans le sol à l'aide de ses mâchoires, puis le tapisse de soie. Pour se protéger de ses ennemis et de la pluie, elle le ferme avec un couvercle et le camoufle avec de l'herbe et des brindilles.

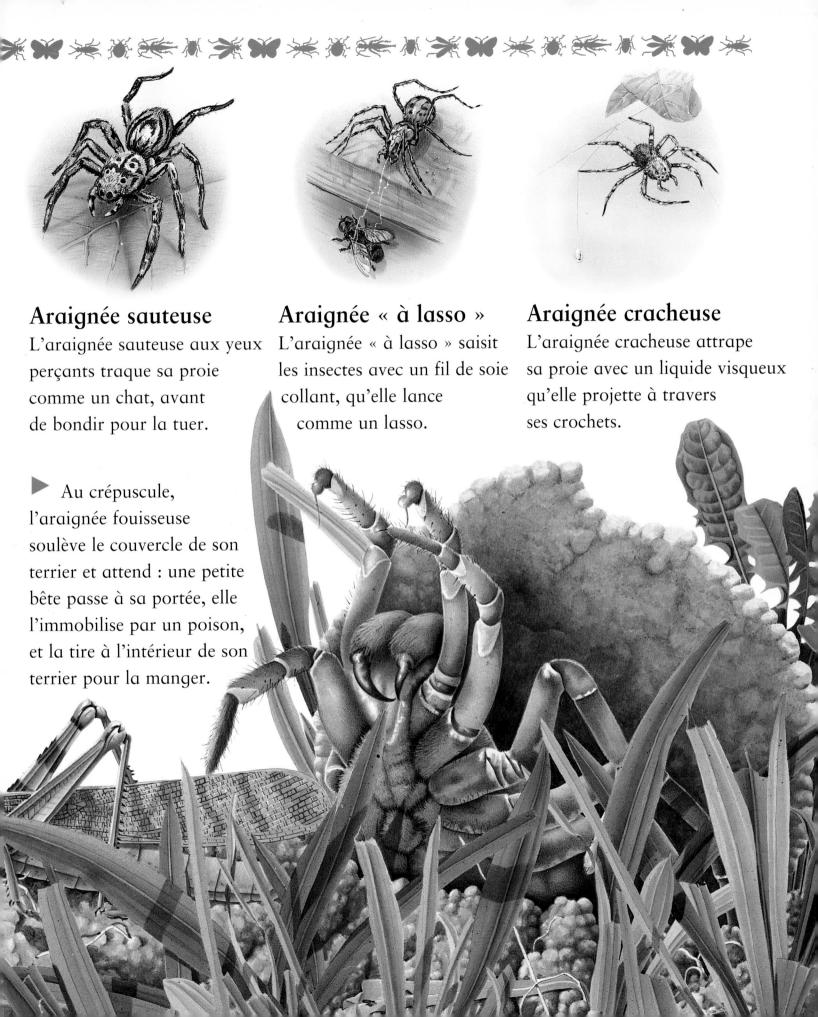

Araignée sauteuse

L'araignée sauteuse aux yeux perçants traque sa proie comme un chat, avant de bondir pour la tuer.

Araignée « à lasso »

L'araignée « à lasso » saisit les insectes avec un fil de soie collant, qu'elle lance comme un lasso.

Araignée cracheuse

L'araignée cracheuse attrape sa proie avec un liquide visqueux qu'elle projette à travers ses crochets.

▶ Au crépuscule, l'araignée fouisseuse soulève le couvercle de son terrier et attend : une petite bête passe à sa portée, elle l'immobilise par un poison, et la tire à l'intérieur de son terrier pour la manger.

Guêpes et abeilles

Les abeilles s'activent tout l'été, et butinent de fleur en fleur pour se nourrir de leur nectar sucré. Il existe de nombreuses variétés d'insectes butineurs. La plupart vivent seuls, dans un terrier ou une tige creuse. Mais les abeilles se regroupent en gigantesques colonies, et travaillent en équipe. Ensemble, elles construisent un nid, trouvent la nourriture, combattent leurs ennemis et s'occupent des jeunes.

Nid d'abeilles

Les abeilles construisent leur nid dans une cavité rocheuse ou le creux d'un arbre. Elles fabriquent de la cire qu'elles façonnent pour former de longues plaques appelées rayons. Les nids sont solides et peuvent durer plus de cinquante ans.

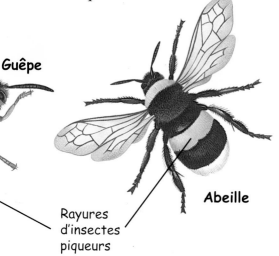

Guêpe

Abeille

Rayures d'insectes piqueurs

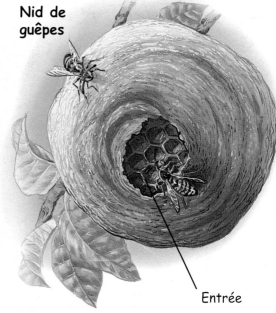

Nid de guêpes

Entrée

Nid de guêpes

Les guêpes vivent également en colonies. Chaque année, elles construisent un nouveau nid en fines feuilles de carton. Elles fabriquent elles-mêmes ce carton avec des fibres de bois mâchées et imprégnées de salive. Dans ce nid, muni d'une entrée bien gardée, les œufs et les jeunes sont en sécurité.

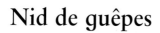

L'année d'une abeille

Œuf

Jeune larve

Larve en fin de développement

Nymphe

Ouvrière

Faux-bourdon

Reine

▶ 1 Le nid d'abeilles abrite surtout des femelles, appelées ouvrières, quelques mâles appelés faux-bourdons, et une seule reine.

◀ 2 Quand elle est jeune, la reine s'accouple avec les faux-bourdons. Peu après, elle pond des milliers d'œufs dans les rayons. Chaque œuf a sa place dans une petite cellule, ou alvéole.

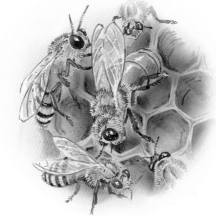

▶ 3 Au bout de trois jours, les œufs éclosent, donnant des vers appelés larves. Les ouvrières nourrissent les larves avec le nectar et le pollen récoltés dans les fleurs.

◀ 4 En quelques jours, les larves atteignent leur taille maximale, les ouvrières bouchent les alvéoles avec de la cire. Chaque larve se transforme en nymphe, pour devenir une abeille adulte.

5 À peine sorties des alvéoles, les jeunes abeilles se mettent au travail. Elles nettoient le nid, nourrissent la reine et s'occupent des nouveaux œufs.

6 Plus âgées, les jeunes abeilles fabriquent de la cire et construisent de nouveaux rayons, où sera stockée la nourriture pour l'hiver.

7 L'été, les ouvrières quittent le nid pour récolter la nourriture. Elles se servent de leur longue langue pour sucer le nectar sucré des fleurs.

8 Le pollen est une poussière jaune produite par les fleurs. Les abeilles le récoltent sur leurs pattes de derrière et le rapportent au nid.

9 Dans le nid, le nectar est transformé en miel et stocké dans les alvéoles, en même temps que le pollen, disposé en couches.

10 Quand une abeille trouve une nouvelle source de nourriture, elle retourne au nid et exécute une danse pour indiquer aux autres son emplacement.

11 Si le nid devient trop petit, la vieille reine s'envole avec un essaim d'ouvrières pour en faire un nouveau. Une larve de l'ancien nid devient reine à son tour.

12 L'hiver, les abeilles se reposent et se nourrissent de leurs réserves de miel. Au printemps, le cycle recommence.

Vaillantes fourmis

Œuf Larve Nymphe

Reine Ouvrière

Les fourmis font leurs nids sous de grosses pierres ou sous des plantes. Chaque nid abrite des centaines de fourmis. L'une d'elles, la reine, pond tous les œufs. Les autres sont des ouvrières. Elles ont de multiples tâches, comme nourrir les larves ou collecter la nourriture. Les fourmis mangent toutes sortes de plantes et d'animaux. Quand elles trouvent quelque chose, elles retournent au nid en laissant une trace odorante que leurs compagnes peuvent suivre.

La reine

La reine possède des ailes, mais celles-ci tombent après l'accouplement. Elle passe ensuite le reste de sa vie à pondre des centaines d'œufs.

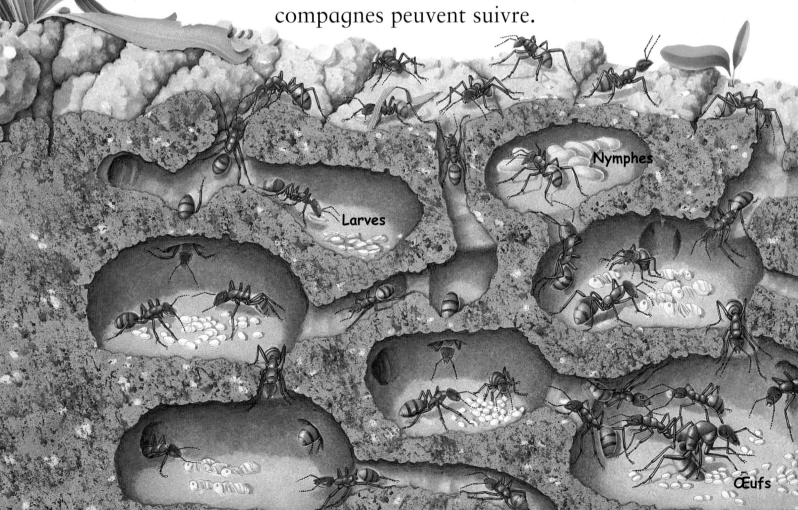

Nymphes

Larves

Œufs

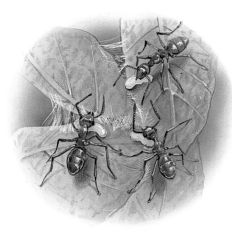

Fourmis tisserandes

Les fourmis tisserandes construisent leur nid en équipe. Pendant que les unes tiennent les feuilles bord à bord, les autres les assemblent avec un fil collant et soyeux fait par les larves.

Fourmis « pots-à-miel »

Les fourmis « pots-à-miel » utilisent certaines ouvrières comme des nourrices. Elles les « remplissent » de nectar à la saison des fleurs, puis les « traient » quand la nourriture manque.

Le nid

Le nid comprend de nombreuses pièces : il y a des nurseries pour les œufs, les larves et les nymphes, et des pièces pour entreposer les ordures et la nourriture.

Les ouvrières sont toujours actives. Certaines s'occupent de la reine et des nurseries. D'autres gardent l'entrée du nid et vont chercher la nourriture. Les fourmis se transmettent les informations en se tapotant mutuellement avec leurs antennes.

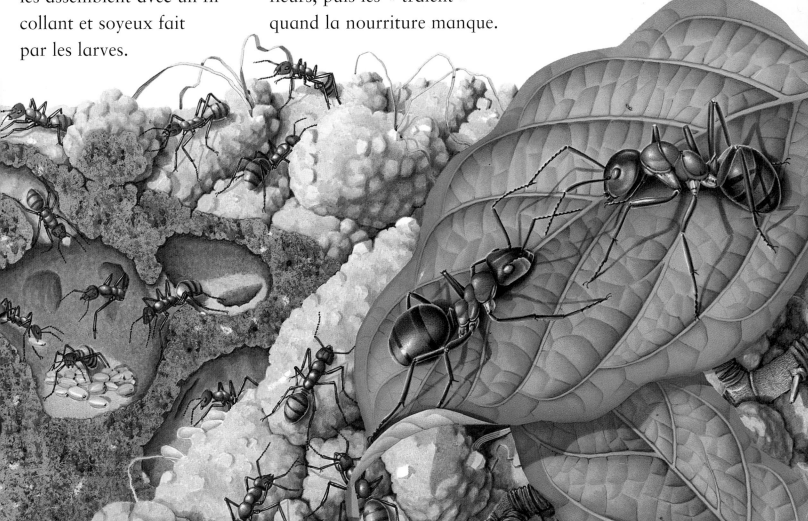

Coléoptères affairés

Les sous-bois sont peuplés de coléoptères qui parcourent le sol en quête de nourriture. Certains mangent des végétaux, d'autres vivent de leur chasse, ou de cadavres d'animaux.

Malgré leur petite taille, leur rôle est important. En rampant sous les feuilles, ils font pénétrer dans le sol des végétaux et animaux morts qui enrichissent la terre et favorisent la pousse des plantes.

Beaucoup de petites bêtes vivent dans les sous-bois, car la nourriture y est abondante.

Cerf-volant — Mandibules

Armé jusqu'aux dents

Beaucoup de coléoptères ont de puissantes mandibules pour saisir, mordre et mâcher leur proie. Celles de ce cerf-volant mâle sont de véritables cornes, et une arme contre les autres mâles.

Coléoptères en tous genres

Il y a plus de 300 000 espèces de coléoptères. C'est le plus grand groupe du monde animal. La plupart ont un exosquelette dur qui les protège de leurs ennemis. Certains sont armés de puissantes mandibules et d'épines.

Ils sont parfois très colorés, et les prédateurs savent alors qu'ils ne sont pas bons à manger. D'autres sont rayés comme des guêpes et, même s'ils n'ont pas d'aiguillon, cela suffit à éloigner leurs ennemis. Il existe aussi des coléoptères venimeux.

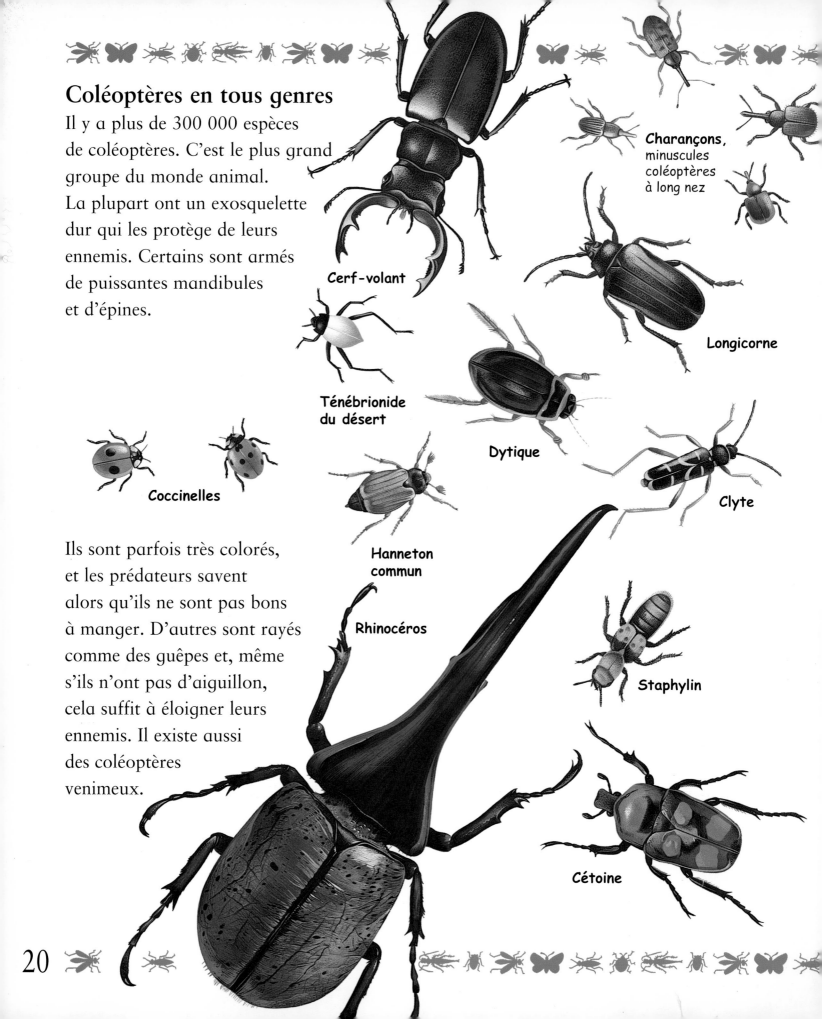

Charançons, minuscules coléoptères à long nez

Cerf-volant

Longicorne

Ténébrionide du désert

Dytique

Clyte

Coccinelles

Hanneton commun

Rhinocéros

Staphylin

Cétoine

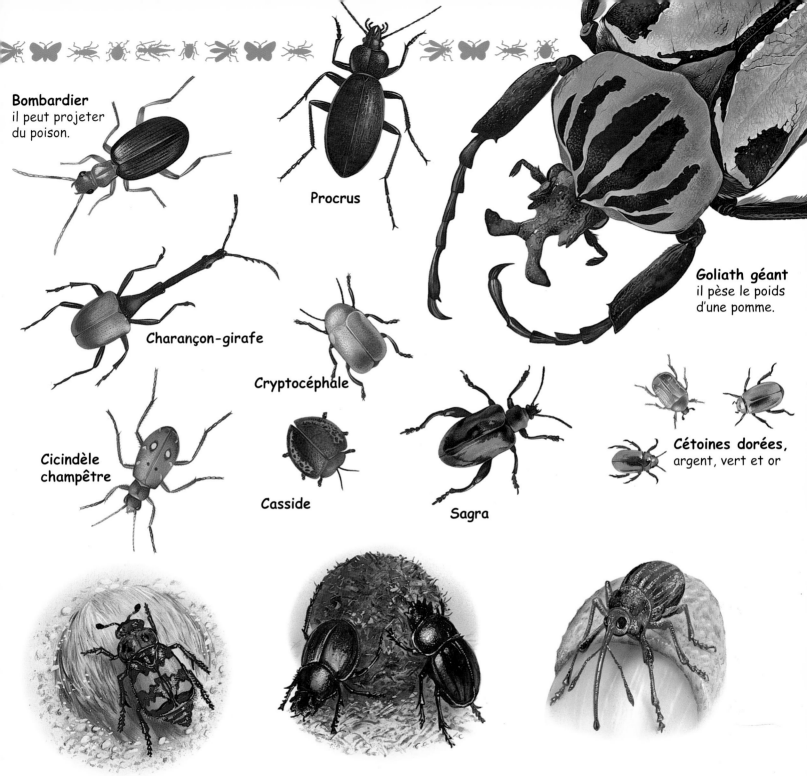

Bombardier
il peut projeter
du poison.

Procrus

Goliath géant
il pèse le poids
d'une pomme.

Charançon-girafe

Cryptocéphale

Cicindèle
champêtre

Casside

Sagra

Cétoines dorées,
argent, vert et or

Nécrophore

Le nécrophore enterre
les animaux morts et pond
ses œufs dessus pour que les
larves aient de quoi manger.

Bousier

Le bousier pond ses œufs
dans des excréments
d'animaux, qu'il enterre
dans le sol.

Charançon des noisettes

Ce charançon fait des trous
dans les noisettes et y pond
ses œufs. Les larves mangent
le fruit de l'intérieur.

Papillons de jour et de nuit

La forêt vierge est peuplée de beaux papillons aux couleurs éclatantes.

Certains papillons sortent le jour.
Ils se nourrissent du nectar des fleurs, qu'ils aspirent avec leur longue trompe souple.

Les papillons de nuit sortent généralement la nuit. Le jour, la plupart se reposent sur un tronc ou une branche d'arbre. Leurs couleurs ternes et sombres se confondent avec l'écorce et les rendent difficiles à voir.

Soufré

Antenne à bout renflé

Corps fin

Antenne plumeuse

Corps arrondi

Zeuzère

Papillon de jour ou de nuit ?

Ceux de jour ont des couleurs plus vives que ceux de nuit, et le corps plus fin. Leurs antennes ont l'extrémité renflée, celles des seconds sont souvent plumeuses.

De l'œuf au papillon

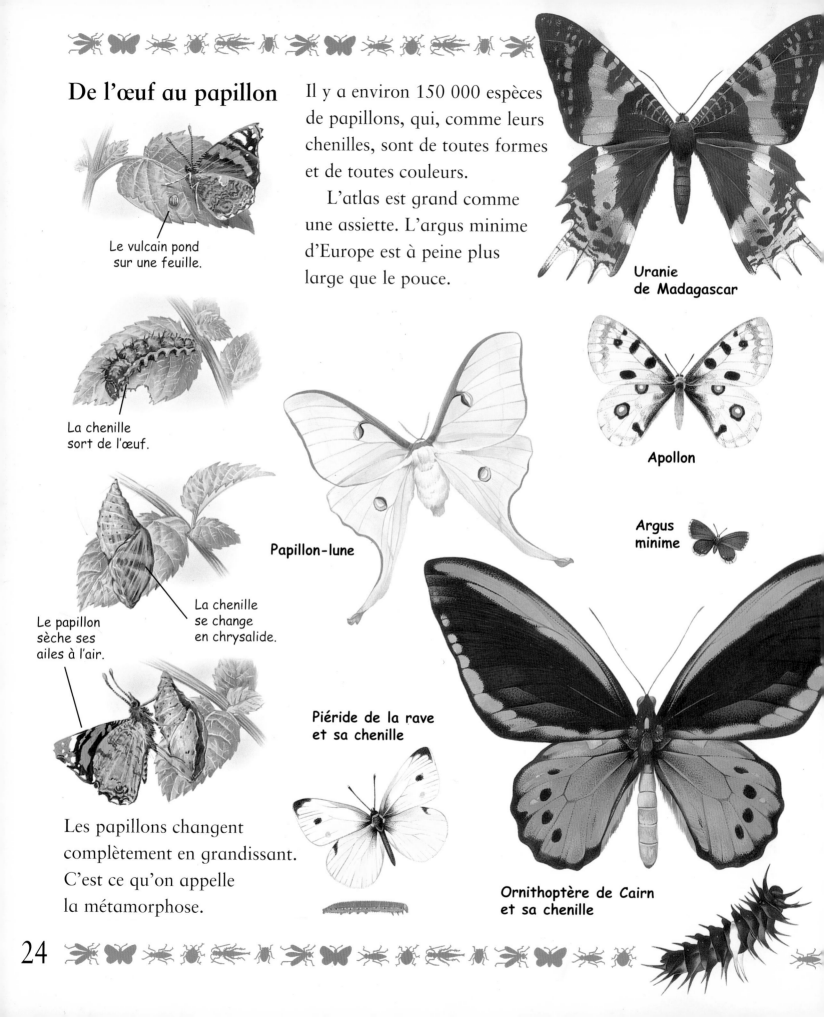

Le vulcain pond
sur une feuille.

Il y a environ 150 000 espèces de papillons, qui, comme leurs chenilles, sont de toutes formes et de toutes couleurs.

L'atlas est grand comme une assiette. L'argus minime d'Europe est à peine plus large que le pouce.

Uranie
de Madagascar

La chenille
sort de l'œuf.

Apollon

La chenille
se change
en chrysalide.

Le papillon
sèche ses
ailes à l'air.

Papillon-lune

Argus
minime

Les papillons changent complètement en grandissant. C'est ce qu'on appelle la métamorphose.

Piéride de la rave
et sa chenille

Ornithoptère de Cairn
et sa chenille

Zigzag

Double 88

Vulcain

Aurore

Bombyx-atlas
le plus grand
papillon
du monde

Émeraudine

Machaon
et sa chenille

Robert-le-diable
ou Gamma
et sa chenille

Argus bleu
et sa chenille

Brahméide

Sésie-frelon

Des ailes brillantes

Les ailes de papillon sont
couvertes de minuscules écailles
qui brillent à la lumière.
Elles peuvent être très colorées,
et ornées de motifs voyants
ou d'ocelles à l'aspect redoutable.
En battant des ailes, le papillon
trouble ses ennemis et se donne
ainsi le temps de fuir.

Légères libellules

La vie d'une mare est moins calme qu'il y paraît. D'énormes libellules fendent l'air à grand bruit en gobant des mouches. De gracieuses demoiselles, étincelantes comme des bijoux, foncent sur les moucherons. L'eau elle-même est peuplée de chasseurs qui sautent sur tout ce qui bouge.

De l'œuf à la libellule

L'œuf de libellule éclot dans l'eau et donne naissance à une créature féroce appelée juvénile. Celle-ci vit et grandit dans la mare et, après un an ou deux, elle sort de l'eau et grimpe sur une plante. Là, sa peau se fend, et une nouvelle libellule en sort. Mais toutes les petites bêtes ne quittent pas la mare. Certaines, comme la nèpe et l'argyronète, passent leur vie sous l'eau.

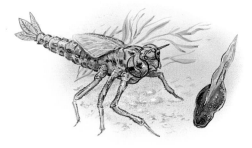

En chasse

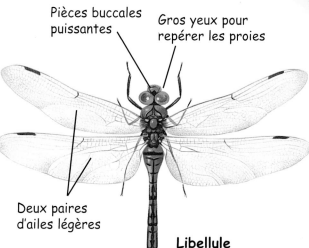

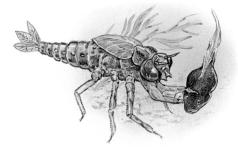

1 Tapie tout au fond de la mare, un juvénile de libellule attend. Soudain, un têtard passe à sa portée.

2 Aussitôt, le juvénile déploie une paire de mâchoires crochues et saisit sa proie.

▶ La libellule est bien équipée pour voler. Ses deux paires d'ailes, indépendantes l'une de l'autre, lui permettent de tourner, changer de direction ou de vitesse, ou de faire du surplace au-dessus de l'eau.

Pièces buccales puissantes

Gros yeux pour repérer les proies

Mâchoire crochue cachée sous la tête

Deux paires d'ailes légères

Juvénile de libellule

Libellule adulte

3 Les redoutables mâchoires se replient vers la bouche et le juvénile dévore sa proie.

Juvénile
de demoiselle

Demoiselle
adulte

La vie aquatique

Tous les animaux ont besoin
d'oxygène. Dans les étangs,
certains le prennent dans
l'eau, d'autres dans l'air.

▲ Comme les libellules, les demoiselles
et les phryganes pondent leurs œufs
dans les étangs. L'œuf de demoiselle
donne naissance à un juvénile ;
celui de la phrygane, à une larve.

La larve se cache
dans un tube de soie,
qu'elle camoufle avec
des végétaux et
des petits cailloux.

Larve
de phrygane

Le juvénile de demoiselle
a trois branchies sur la queue,
qui pompent l'oxygène de l'eau.

La nèpe d'eau monte
à la surface de l'eau et absorbe
l'air par un tube.

Phrygane adulte

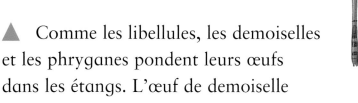

Le dytique fait des réserves
de bulles d'air qu'il met sous
ses ailes.

Insectes nocturnes

L'été, la nuit, la nature est peuplée d'insectes. Les uns chantent, comme les grillons, les autres bourdonnent, comme les moustiques, ou luisent, comme les vers luisants, ou encore brillent dans le noir, comme les lucioles. C'est leur façon de communiquer.

La nuit est favorable aux petites bêtes : l'air est frais, et la plupart de leurs ennemis dorment. Elles en profitent pour se nourrir, chasser, et chercher un partenaire. À l'aube elles se cachent et font place aux abeilles, aux papillons et à tous les amateurs de soleil qui reviennent avec la chaleur et la lumière.

Glossaire

abdomen Partie inférieure
du corps d'un insecte, où se situe
le cœur, ainsi que le système
digestif et reproductif.

antennes Une paire
d'organes sensoriels
permettant à certains
animaux de reconnaître
les odeurs et les saveurs.

camouflage Couleurs
et tâches qui permettent à
certains animaux de se confondre
avec l'environnement, et d'être
ainsi difficiles à repérer.

colonie Communauté animale
composée de nombreux individus.
Les abeilles et les fourmis vivent
en colonie.

crochet Partie recourbée
de la mâchoire des araignées
qu'elles enfoncent dans leurs
victimes pour les empoisonner.

exosquelette Structure externe
et dure située sur le corps
de la plupart des insectes.

faux-bourdon Abeille mâle
dont l'unique rôle est
de s'accoupler avec la reine.

insecte Animal
dont le corps
est composé de trois parties
et muni de trois paires de pattes.

juvénile Insecte dans sa seconde
phase de développement,
qui, comme la sauterelle ou
la libellule, prend sa forme adulte
sans passer par l'état de nymphe.

larve Insecte
dans sa première phase
de développement
après l'éclosion
de l'œuf.
La larve
a un aspect
très différent
de l'insecte adulte
et doit passer par
l'état de nymphe
avant d'atteindre
son stade
final.

métamorphose Passage
de l'état de jeune insecte à celui
d'insecte adulte (par exemple,
transformation d'une chenille
en papillon).

nectar Liquide sucré contenu
dans les fleurs qu'extraient les
insectes et autres petits animaux.
Les abeilles utilisent le nectar
pour fabriquer le miel.

nymphe État intermédiaire
entre la larve et l'insecte
adulte. Chez les papillons,
on l'appelle chrysalide.

ouïe Partie
du corps
d'un animal
qui lui permet
de respirer sous
l'eau. Les ouïes absorbent
l'oxygène présent dans l'eau.
Les nymphes des insectes
aquatiques, comme les demoiselles,
possèdent des ouïes.

oxygène Gaz que l'on trouve
dans l'air et dans l'eau,
et dont tous les animaux
ont besoin pour respirer.

palpe L'un des deux organes
sensoriels des araignées
et des insectes, situés
près des mâchoires,
qui leur servent
à prendre et goûter
leur nourriture.

pollen Poudre jaune fabriquée
par les fleurs. Quand les insectes
transportent le pollen sur d'autres
fleurs de la même espèce, ils
contribuent à leur pollinisation.

thorax Partie intermédiaire
du corps d'un insecte, située
entre la tête et l'abdomen.
Les ailes et les pattes
des insectes sont
attachées au thorax.

rostre Pièce buccale pointue
de certains insectes, ressemblant
à un bec.

Index

A
abdomen 6, 32
abeille 6, 12, 14-15
acarien 7
aile 6, 25, 28
antenne 6, 17, 22, 32
araignée 7, 8-9, 10-11
   à toile en réseaux 8
   à toile géométrique 8
   « à lasso » 11
   fouisseuse 10-11
   cracheuse 11
   sauteuse 11
   vagabonde 10
argyronète 8, 27

B
bombardier 21
bombyx-atlas 24
bousier 21

C
camouflage 10, 22,
   29, 32
   centipèdes 7
   cerf-volant 18
   charançon 20
   charançon
   des noisettes 21
chasse 10-11, 18, 26
chenille 24-25
chrysalide 25
cire d'abeille 12, 14-15
clyte 20
coccinelle 6, 20
coléoptère 18,
20-21
colonie 12, 32

D
demoiselle 26, 29
dytique 29

E
épine 20
élytre 6
épeire 9
escargot 7
exosquelette
6, 20, 32

F
faux-bourdon
  14, 32
    fourmi 6, 16-17
   fourmi
    « pot-à-miel » 17
fourmi tisserande 17

G
grillon 30
guêpe 12, 20

H - I
hanneton 20
insecte piqueur 12

L
larve 14, 16, 21, 29, 32
libellule 26-27, 28-29
limace 7
luciole 30

M
mâchoires 10
mandibules 18, 20
métamorphose 24, 32
mille-pattes 7
mouche 6
moustique 30

N
nécrophore 21
nectar 12, 15, 22, 32
nèpe 29
nid 12, 14, 16-17
nymphe 14, 16-17, 24,
   27, 28-29, 32

O
   ocelles 25
œuf 14, 16, 24
ouvrière 14-15, 16-17

P
papillon 22, 24-25, 32
phrygane 29
poison 9, 11, 21
   pollen 15, 32
   punaise 6, 32

R
   rayon 12, 14-15
   reine 14-15, 16-17

S
   scorpion 7
   sésie-frelon 25
soie 8

T
terrier 10-11
thorax 6, 32
toile 8-9

V
ver 14, 32
   de terre 7
   luisant 30

Y
yeux 8, 28

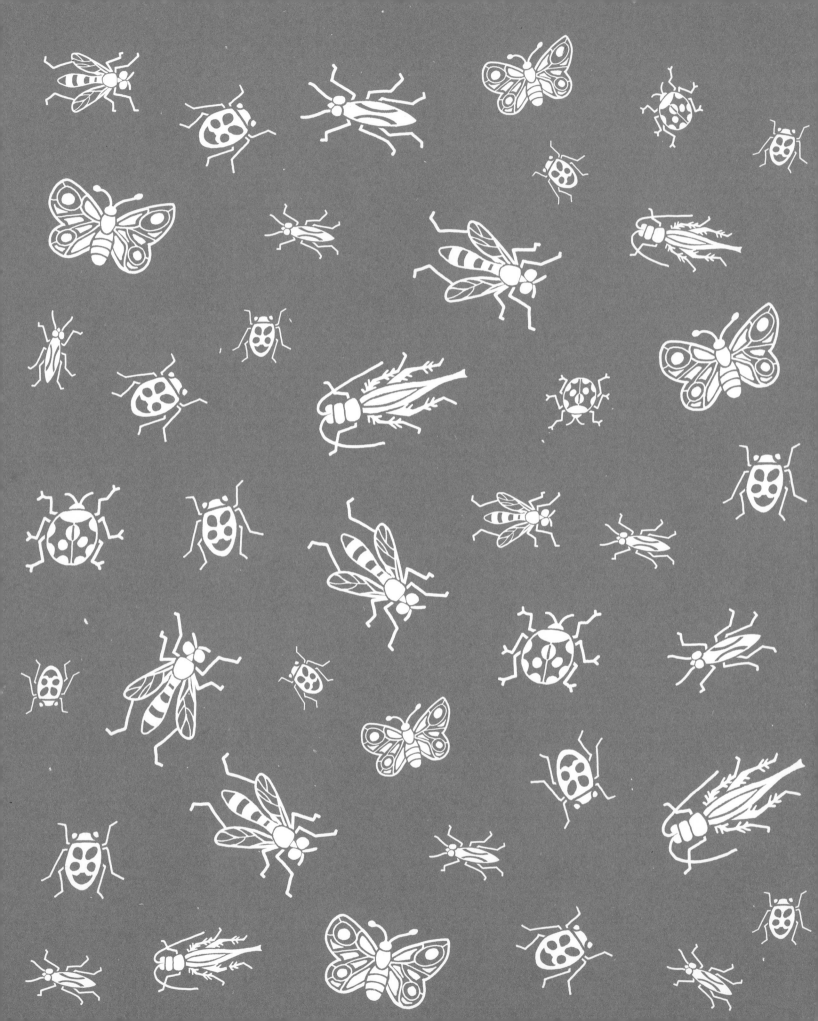